P9-DWS-840

Lire et découvrir

Les écureuils

Melvin et Gilda Berger

Texte français d'Alexandra Martin-Roche

Éditions
SCHOLASTIC

CALGARY PUBLIC LIBRARY

DEC - - 2008

Photographies : Couverture : Ed Degginger/Bruce Coleman Inc., New York;
p. 1 : Steve Maslowski/Photo Researchers, New York; p. 3 : Ed Degginger/Bruce Coleman Inc.;
p. 4 : Bruce Coleman Inc.; p. 5 : Jeff Lepore/ Photo Researchers;
p. 6 : Steve Maslowski/Photo Researchers; p. 7 : S. Nielsen/Bruce Coleman Inc.;
p. 8 : Steven Kazlowski/Peter Arnold Inc., New York; p. 9 : John Shaw/Bruce Coleman Inc.;
p. 10, 11 et 12 : Steve Maslowski/Photo Researchers; p. 13 : Erwin & Peggy Bauer/Bruce Coleman Inc.;
p. 14 : Stephen Dalton/Photo Researchers; p. 15 : Alfred B. Thomas/Animals Animals, Chatham, NY;
p. 16 : Stephen Dalton/Photo Researchers.

Conception du livre : Annette Cyr

Catalogage avant publication de Bibliothèque et Archives Canada

Berger, Melvin
Les écureuils / Melvin et Gilda Berger; texte français d'Alexandra Martin-Roche.

(Lire et découvrir)
Traduction de : Squirrels.
Pour les 4-6 ans.
ISBN 978-0-545-99176-6

1. Écureuils--Ouvrages pour la jeunesse. I. Berger, Gilda
II. Martin-Roche, Alexandra III. Titre. IV. Collection.
QL737.R68B4714 2008   j599.36   C2008-902264-5

Copyright © Melvin et Gilda Berger, 2002, pour le texte anglais.
Copyright © Éditions Scholastic, 2008, pour le texte français.
Tous droits réservés.

Il est interdit de reproduire, d'enregistrer ou de diffuser, en tout ou en partie, le
présent ouvrage par quelque procédé que ce soit, électronique, mécanique,
photographique, sonore, magnétique ou autre, sans avoir obtenu au préalable l'autorisation
écrite de l'éditeur. Pour toute information concernant les droits, s'adresser à Scholastic Inc.,
557 Broadway, New York, NY 10012, É.-U.
Édition publiée par les Éditions Scholastic, 604, rue King Ouest, Toronto (Ontario) M5V 1E1

5 4 3 2 1   Imprimé au Canada   08 09 10 11 12

C'est l'automne.

Info-écureuils

Les écureuils cachent des noix pour l'hiver, quand la nourriture se fait rare.

Les écureuils cachent des noix.

La fourrure des écureuils devient chaude et épaisse.

Info-écureuils
Le nid permet à l'écureuil de rester au chaud et au sec pendant l'hiver.

Certains écureuils font leur nid dans les arbres.

La queue de l'écureuil lui sert de couverture.

C'est l'hiver.

Info-écureuils

Les écureuils cassent les noix avec leurs dents.

Les écureuils mangent les noix qu'ils ont cachées à l'automne.

C'est le printemps.

Les bébés écureuils sont nés.

Info-écureuils
Les bébés écureuils ouvrent les yeux à l'âge de 1 mois.

La maman écureuil allaite ses petits.

Très jeunes, les écureuils sont capables de se nourrir seuls.

Info-écureuils
Les écureuils chicotent et émettent souvent des sifflements.

C'est l'été.

Prends garde à toi, écureuil!

Les écureuils ont l'air de
s'amuser beaucoup.